Marchés Noirs

et

Economies souterraines

Georges MALAIS

Marchés Noirs

et

Economies souterraines

SOMMAIRE

Préface..................p. 7

Chapitre 1 : Comprendre les marchés noirs.p12

Chapitre 2 : Histoire des marchés noirs......p. 19

Chapitre 3 : L'économie des ombres........p. 25

Chapitre 4 : Acteurs et réseaux...............p.33

Chapitre 5 : Conséquences sociales et éthiques...................p. 41

Chapitre 6 : Lutte et régulation............p. 49

Chapitre 7 : Etudes de cas globales.........p. 61

Chapitre 8 : Vers un avenir sans marché noir ?..................p. 73

Chapitre 9 : Agir sur les connaissances......p. 81

Chapitre 10 : Perspectives d'Avenir pour les Marchés Noirs et les Économies Souterraines..................p. 93

Conclusion..................p. 105

Préface

Lorsque nous pensons aux marchés noirs, les images qui nous viennent souvent à l'esprit sont celles de ruelles sombres et de transactions louches, de films noirs et de romans de gare peuplés de personnages opérant dans l'ombre de la loi. Pourtant, cette vision cinématographique ne fait qu'effleurer la surface d'un phénomène bien plus complexe et profondément enraciné dans notre société mondiale. Ce livre se propose d'explorer les marchés noirs et les économies souterraines non pas comme des exceptions à la règle, mais comme des miroirs révélateurs des forces et des faiblesses de nos systèmes économiques formels.

L'intérêt pour les économies souterraines n'est pas né d'une fascination pour le clandestin ou l'illicite, mais d'une curiosité pour comprendre les mécanismes non officiels qui influencent les vies de milliards d'individus. Au fil des pages, j'espère démontrer que les marchés noirs ne sont pas simplement des vestiges d'une économie désorganisée ou les symptômes d'une société malade, mais des manifestations de l'adaptabilité humaine aux conditions souvent inefficaces ou inéquitables créées par les systèmes économiques et politiques.

Ce livre s'adresse à quiconque s'intéresse aux dynamiques complexes de l'économie mondiale, à la sociologie du travail et de la consommation, ou à l'impact des politiques gouvernementales sur les comportements individuels et collectifs. Il vise à fournir une compréhension nuancée et approfondie des marchés noirs, en dépassant les clichés pour révéler les nombreuses façons dont ils touchent, façonnent et reflètent nos vies.

Le voyage dans lequel nous nous embarquons ensemble est loin d'être un itinéraire touristique dans les interstices sombres de l'économie. Au contraire, il s'agit d'une exploration rigoureuse de la nature humaine, des stratégies de survie, de l'innovation et de la résilience dans des conditions souvent adverses. En examinant les causes profondes et les conséquences variées des marchés noirs, nous pouvons apprendre beaucoup sur les valeurs, les aspirations et les défis de notre société.

Je n'écris pas en tant qu'apologiste des activités illégales ni en tant que critique acerbe des systèmes économiques établis. Mon objectif est plutôt de jeter un regard équilibré et informé sur un sujet souvent mal compris, en espérant que les lecteurs trouveront dans ces pages de quoi alimenter leur réflexion, leur compréhension et, peut-être, leur engagement envers un monde plus juste et transparent.

Ce livre est le résultat de nombreuses années de recherche, de discussions avec des experts dans divers domaines et de rencontres avec des personnes dont la vie a été affectée, directement ou indirectement, par les économies souterraines. Chaque chapitre vise à ouvrir une fenêtre sur une dimension différente de ces marchés, tout en offrant des perspectives et des analyses qui, je l'espère, contribueront à une compréhension plus complète et plus empathique des réalités économiques qui nous entourent.

Je vous invite à entreprendre ce voyage avec un esprit ouvert, une curiosité pour les nuances de l'économie mondiale et un intérêt pour les histoires humaines derrière les chiffres et les transactions. Ensemble, explorons les ombres pour mieux comprendre la lumière.

Chapitre 1: Comprendre les Marchés Noirs

Les marchés noirs, souvent perçus à travers le prisme de la criminalité et du mystère, constituent en réalité un domaine d'étude complexe et fascinant qui touche à des aspects fondamentaux de l'économie et de la société. Ils ne naissent pas dans le vide mais émergent à l'intersection de la réglementation, de la demande et de l'innovation humaine.

La définition d'un marché noir peut sembler intuitive : il s'agit d'un environnement où des biens ou des services sont échangés illégalement, échappant à la régulation gouvernementale, à la taxation et à la surveillance (Schneider, "Shadow Economies of the World"). Cependant, cette définition simpliste masque la diversité et la complexité des motivations et des structures sous-jacentes.

Les économistes comme Friedrich Schneider ont longtemps étudié les marchés noirs, non seulement comme des phénomènes économiques, mais aussi comme des indicateurs de la santé sociétale et réglementaire d'un pays (Schneider, "Shadow Economies of the World"). Selon Schneider, les marchés noirs prospèrent là où la régulation est soit trop restrictive soit inefficace, créant ainsi des opportunités pour des économies parallèles.

Peter Leeson, dans son ouvrage "The Invisible Hook", aborde les marchés noirs sous un angle différent, en les comparant aux systèmes de gouvernance et d'organisation de la piraterie au XVIIIe siècle. Il argue que, tout comme les pirates établissaient des règles pour organiser leur société hors de la loi, les marchés noirs créent leurs propres systèmes de gouvernance et de normes en réponse à l'incapacité ou au refus des états de fournir certains services ou biens.

Les marchés noirs peuvent être segmentés en fonction des types de biens et services qu'ils fournissent. Certains se spécialisent dans les produits de consommation courante, d'autres dans des biens plus luxueux ou interdits, comme les drogues, les armes ou les services illégaux (Naylor, "Wages of Crime: Black Markets, Illegal Finance, and the Underworld Economy"). R.T. Naylor souligne que la nature des biens échangés sur ces marchés est souvent un reflet direct des normes sociales et des réglementations gouvernementales.

Le caractère illicite des marchés noirs les rend intrinsèquement difficiles à étudier. Cependant, des chercheurs comme Diego Gambetta dans "The Sicilian Mafia: The Business of Private Protection", ont montré comment les marchés noirs peuvent également offrir protection et assurance dans des environnements où l'état est absent ou corrompu. Cette perspective remet en question l'idée que les marchés noirs sont uniquement destructeurs et nuisibles.

Les marchés noirs existent et se développent en raison d'une combinaison complexe de facteurs économiques, sociaux et politiques. L'économiste De Soto, dans "The Other Path", argue que les marchés noirs sont souvent le symptôme de barrières réglementaires et économiques qui empêchent les individus de participer à l'économie formelle. Selon lui, la solution réside non pas dans la répression, mais dans la réforme des systèmes légaux et économiques pour mieux répondre aux besoins des populations.

Comprendre les marchés noirs exige donc une approche multidimensionnelle qui prend en compte non seulement l'économie, mais aussi la sociologie, la politique et le droit. Cela implique de reconnaître les marchés noirs non comme des anomalies, mais comme des composantes intégrales et révélatrices des systèmes économiques globaux.

En conclusion, ce chapitre ouvre le débat sur les marchés noirs en les démystifiant et en proposant une vue d'ensemble de leur fonctionnement et de leur impact. La reconnaissance de leur existence et de leur persistance est le premier pas vers une compréhension plus approfondie des défis économiques et sociaux auxquels notre monde est confronté.

Chapitre 2: Histoire des Marchés Noirs

L'histoire des marchés noirs est aussi vieille que le commerce lui-même, façonnée par la lutte incessante entre la réglementation et la liberté d'échange. Ces marchés ne sont pas de simples anomalies mais des reflets des tensions économiques, sociales et politiques qui traversent l'histoire humaine.

L'étude des marchés noirs historiques révèle leur capacité à s'adapter et à prospérer en réponse à la guerre, à la prohibition et à la répression économique. Comme le souligne Eric Hobsbawm dans "Bandits", les marchés noirs ont souvent émergé en période de crise, lorsque les structures économiques officielles ne parvenaient pas à répondre aux besoins de la population (Hobsbawm, "Bandits"). Les périodes de guerre, en particulier, ont vu l'expansion de marchés noirs florissants, alimentés par les rationnements et les restrictions.

La Seconde Guerre mondiale, par exemple, a vu l'émergence de marchés noirs à une échelle sans précédent. Comme le décrit Mark Roodhouse dans "Black Market Britain: 1939–1955", ces marchés ne se limitaient pas à la simple vente de biens rares ou luxueux mais étaient une réponse directe aux pénuries et aux limitations imposées par la guerre (Roodhouse, "Black Market Britain"). Les citoyens ordinaires, confrontés à la raréfaction des biens essentiels, se tournaient souvent vers les marchés noirs pour répondre à leurs besoins de base.

La prohibition aux États-Unis offre une autre perspective sur les marchés noirs, mettant en évidence comment les restrictions légales sur les biens désirés peuvent créer des réseaux souterrains complexes. Dans "Last Call: The Rise and Fall of Prohibition", Daniel Okrent explore comment la prohibition a non seulement échoué à éradiquer la consommation d'alcool mais a également engendré une vaste économie souterraine (Okrent, "Last Call"). Les distilleries clandestines et les speakeasies sont devenus des éléments courants de la culture américaine, mettant en lumière la difficulté de réguler les désirs humains à travers des interdictions.

Au-delà des guerres et des prohibitions, les marchés noirs ont également prospéré dans des contextes de contrôle étatique strict et de planification économique. La période soviétique en Union soviétique est illustrative à cet égard. Dans "Everyday Stalinism", Sheila Fitzpatrick décrit comment, malgré une économie hautement réglementée et centralisée, les citoyens soviétiques recouraient fréquemment à des canaux non officiels pour obtenir des biens et des services (Fitzpatrick, "Everyday Stalinism"). Ce phénomène met en évidence l'incapacité des régimes autoritaires à supprimer totalement les échanges informels.

Le concept de "systèmes D", popularisé par Robert Neuwirth dans "Stealth of Nations", montre que les marchés noirs et les économies informelles ne sont pas seulement des réponses à la répression ou à la pénurie mais font partie intégrante de l'économie mondiale (Neuwirth, "Stealth of Nations"). Neuwirth argumente que, dans de nombreuses parties du monde, ces échanges non officiels sont un moteur essentiel de l'innovation et de la croissance.

L'évolution historique des marchés noirs révèle donc un tableau complexe, où la nécessité, l'innovation et la résilience humaine s'entremêlent. Les marchés noirs ne sont pas uniquement des zones de commerce illégal mais des espaces de liberté où les individus cherchent à satisfaire leurs besoins et à exercer leur ingéniosité face aux contraintes externes.

En comprenant l'histoire des marchés noirs, nous pouvons mieux saisir les forces sous-jacentes qui animent ces économies parallèles.

Ce chapitre nous invite à reconnaître que, loin d'être des aberrations, les marchés noirs sont une constante dans l'histoire humaine, adaptatifs et résilients, répondant aux besoins insatisfaits et aux désirs refoulés des sociétés à travers les âges.

Chapitre 3: L'Économie des Ombres

Les économies souterraines, souvent invisibles et pourtant omniprésentes, constituent une part significative de l'activité économique mondiale. Elles englobent une gamme variée d'activités, des plus bénignes aux plus criminelles, toutes opérant en dehors du cadre réglementaire officiel.

Friedrich Schneider, un chercheur de premier plan dans le domaine des économies souterraines, estime que ces dernières représentent une portion substantielle du PIB mondial (Schneider, "Shadow Economies: Size, Causes, and Consequences"). Selon lui, loin d'être limitées à des économies spécifiques ou en difficulté, les économies souterraines sont un phénomène global, reflétant une myriade de motivations et de nécessités.

L'ampleur et la diversité des économies souterraines peuvent être attribuées à plusieurs facteurs. Des niveaux élevés de taxation et de réglementation, par exemple, sont souvent cités comme des moteurs clés poussant les individus et les entreprises vers l'informalité (De Soto, "The Other Path"). Hernando de Soto argumente que les lourdeurs bureaucratiques et les obstacles à l'entrée sur le marché formel obligent de nombreux entrepreneurs à opérer dans l'ombre, non par choix, mais par nécessité.

Les économies souterraines ne sont pas uniquement le produit de contraintes économiques ; elles sont également façonnées par des facteurs sociaux et culturels. Alena Ledeneva, dans son étude sur la Russie, explore le concept de "blat" – l'utilisation de réseaux personnels et de faveurs pour obtenir des biens et des services – comme un élément clé de l'économie informelle (Ledeneva, "Russia's Economy of Favours"). Cette pratique souligne comment, dans certaines cultures, les économies souterraines sont intimement liées aux structures sociales et à la confiance communautaire.

Le rôle de l'État dans l'émergence et la persistance des économies souterraines est également crucial. Edgar L. Feige, dans ses recherches, suggère que l'efficacité de la gouvernance et la qualité des institutions publiques sont inversement proportionnelles à la taille de l'économie souterraine (Feige,

"Defining and Estimating Underground and Informal Economies"). Lorsque les citoyens perçoivent l'État comme corrompu ou inefficace, ils sont plus enclins à recourir à l'économie souterraine pour leurs transactions.

Les économies souterraines ont des implications profondes pour les sociétés. D'une part, elles peuvent offrir des opportunités économiques là où le marché formel échoue. D'autre part, elles peuvent entraîner une perte de revenus fiscaux pour l'État, compromettre la sécurité publique et perpétuer l'inégalité. La dualité de ces économies est illustrée dans les travaux de Robert Neuwirth, qui dans "Shadow Cities", dépeint comment les bidonvilles et les marchés informels peuvent être à la fois des centres d'innovation entrepreneuriale et des foyers de désordre et d'exploitation (Neuwirth, "Shadow Cities").

La lutte contre les économies souterraines représente un défi majeur pour les décideurs politiques. Les approches purement répressives sont souvent contre-productives, entraînant davantage d'activités clandestines plutôt que leur intégration dans l'économie formelle. Les travaux de De Soto, entre autres, plaident pour une réforme structurelle visant à réduire les barrières à l'entrée sur le marché formel et à fournir des voies de légalisation pour les activités informelles (De Soto, "The Other Path").

En somme, les économies souterraines sont un phénomène complexe et multidimensionnel. Elles reflètent les lacunes des systèmes économiques et réglementaires et mettent en lumière la capacité d'adaptation humaine. Comprendre ces économies nécessite une approche qui va au-delà de la dichotomie légale/illégale, reconnaissant les nuances et les diverses motivations qui sous-tendent les activités économiques à l'ombre de la loi officielle. Ce chapitre vise non seulement à démythifier les économies souterraines, mais également à souligner leur rôle dans le paysage économique global.

En reconnaissant les économies souterraines, nous pouvons mieux comprendre les déficits de notre système économique formel et les raisons pour lesquelles certaines personnes choisissent, ou sont contraintes, d'opérer en dehors de celui-ci. Cette compréhension peut conduire à des politiques plus inclusives et efficaces, qui adressent les causes fondamentales de l'informalité plutôt que ses symptômes.

Par ailleurs, il est essentiel de considérer les économies souterraines non pas comme des entités isolées mais comme des parties intégrantes de l'économie globale. Elles interagissent constamment avec les marchés formels, souvent de manière invisible mais significative. La reconnaissance de cette interdépendance est cruciale pour toute tentative de réforme ou d'intégration.

Enfin, ce chapitre souligne la nécessité d'une approche nuancée et humaniste dans l'analyse des économies souterraines. En reconnaissant la diversité des acteurs et des motivations au sein de ces économies, nous pouvons mieux cerner les défis et les opportunités qu'elles présentent.

Cette approche permettra non seulement de développer des stratégies plus efficaces pour gérer et intégrer les économies souterraines, mais aussi de promouvoir une société plus équitable et inclusive.

En conclusion, les économies souterraines sont un phénomène complexe, façonné par des facteurs historiques, culturels, économiques et sociaux. Elles posent des défis significatifs mais offrent également des opportunités pour repenser et réformer nos systèmes économiques. Ce chapitre vise à établir une base de compréhension solide pour explorer les nuances et les implications de ces économies, en fournissant ainsi un tremplin vers les discussions et les analyses des chapitres suivants.

Chapitre 4: Acteurs et Réseaux

Les économies souterraines, bien loin d'être des monolithes statiques, sont constituées d'une mosaïque complexe d'acteurs et de réseaux. Ces participants aux marchés noirs ne sont pas uniquement motivés par le profit ou la criminalité mais répondent souvent à des besoins communautaires, à des déficiences du marché, et à des opportunités d'innovation.

Les Fournisseurs

Au cœur des marchés noirs se trouvent les fournisseurs, ceux qui produisent ou procurent les biens et services illégaux. Sudhir Venkatesh, dans "Off the Books: The Underground Economy of the Urban Poor", explore la vie des fournisseurs au sein des économies souterraines urbaines, révélant que nombre d'entre eux sont des entrepreneurs répondant à des demandes non satisfaites (Venkatesh, "Off the Books"). Ces individus, souvent perçus comme des hors-la-loi, sont fréquemment des membres respectés de leurs communautés, offrant des services et des produits essentiels là où le secteur formel échoue.

Les Consommateurs

Les consommateurs des marchés noirs, loin d'être une masse homogène, ont des motivations variées. Certains recherchent des biens interdits, tandis que d'autres cherchent des alternatives plus abordables ou accessibles à ce que propose le marché officiel. Les travaux de Robert Neuwirth, notamment dans "Stealth of Nations", démontrent que les consommateurs des économies informelles peuvent être motivés par des considérations de coût, de commodité, ou d'une recherche de produits spécifiques non disponibles légalement (Neuwirth, "Stealth of Nations").

Les Intermédiaires

Les intermédiaires, ou médiateurs, jouent un rôle crucial dans les économies souterraines en facilitant les transactions entre fournisseurs et consommateurs. Diego Gambetta, dans "The Sicilian Mafia: The Business of Private Protection", illustre comment ces acteurs peuvent également offrir des services de protection et de médiation dans des environnements où la confiance est faible et où les risques de tromperie sont élevés (Gambetta, "The Sicilian Mafia"). Ces intermédiaires contribuent à la fluidité et à la sécurité des échanges dans un contexte où les mécanismes légaux de protection et d'arbitrage font défaut.

Les Réseaux

Les marchés noirs ne fonctionneraient pas sans les réseaux complexes qui les soutiennent. Ces réseaux peuvent être locaux, nationaux ou internationaux, et ils varient grandement en termes de sophistication et d'organisation. Carolyn Nordstrom, dans "Global Outlaws: Crime, Money, and Power in the Contemporary World", explore les réseaux transnationaux impliqués dans le commerce illicite, montrant comment ils se croisent souvent avec des activités légales, brouillant les lignes entre les économies formelles et informelles (Nordstrom, "Global Outlaws »).

Les Enjeux de Pouvoir

Les marchés noirs ne sont pas exempts de dynamiques de pouvoir. Les acteurs au sein de ces marchés négocient constamment avec les forces de l'ordre, les autorités politiques, et même entre eux. Philippe Bourgois, dans "In Search of Respect: Selling Crack in El Barrio", décrit les luttes de pouvoir et les conflits internes au sein de la drogue urbaine marchés, soulignant les risques et les coûts humains associés à ces activités (Bourgois, "In Search of Respect »).

L'Impact sur les Communautés

Les marchés noirs ont des effets profonds sur les communautés dans lesquelles ils opèrent. Les travaux de chercheurs comme Venkatesh et Bourgois montrent que, bien que fournissant des opportunités économiques, ils peuvent également perpétuer des cycles de pauvreté, de dépendance et de violence. Cependant, ils peuvent aussi être des sources d'entraide et de solidarité, en offrant des biens et des services autrement inaccessibles.

En examinant les acteurs et les réseaux qui composent les économies souterraines, ce chapitre met en lumière la complexité et la diversité des marchés noirs.

Chapitre 5: Conséquences Sociales et Éthiques

Les marchés noirs et les économies souterraines ne sont pas de simples phénomènes économiques; ils engendrent d'importantes répercussions sociales et posent d'innombrables questions éthiques. Ce chapitre explore les multiples dimensions des conséquences sociétales de ces marchés, en s'appuyant sur des recherches approfondies et des analyses de penseurs renommés.

Impact sur les Communautés

Les économies souterraines peuvent avoir à la fois des effets positifs et négatifs sur les communautés locales. Alejandro Portes et William Haller, dans leur étude, "The Informal Economy", mettent en lumière comment, dans certains cas, les économies souterraines peuvent fournir des emplois et des services essentiels dans des régions où les options formelles sont limitées (Portes & Haller, "The Informal Economy"). Toutefois, ces marchés peuvent également favoriser la criminalité, déstabiliser les communautés et perpétuer des inégalités.

Questions Éthiques

Les dilemmes éthiques abondent lorsque l'on considère les produits et services offerts dans les marchés noirs. La vente de drogues, d'armes et de contrefaçons soulève des questions morales complexes sur la responsabilité, le consentement et les dommages causés aux individus et à la société. Louise Shelley, dans "Dirty Entanglements: Corruption, Crime, and Terrorism", explore les dimensions éthiques du commerce illicite et ses liens avec des problèmes plus larges tels que la corruption et le terrorisme (Shelley, "Dirty Entanglements »).

Effets sur la Santé Publique

Les marchés noirs peuvent avoir un impact significatif sur la santé publique, notamment en ce qui concerne la vente de médicaments contrefaits ou de substances illégales. Dans "Narcotics: The Globalization of Drugs", Alfred McCoy discute de l'impact mondial du commerce de la drogue sur la santé publique, soulignant comment les marchés noirs peuvent alimenter des épidémies de dépendance et de maladies (McCoy, "Narcotics").

Conséquences Économiques

Si les économies souterraines peuvent offrir des opportunités économiques, elles peuvent aussi engendrer une importante perte de revenus pour les États en échappant à la fiscalité. Friedrich Schneider, dans ses divers travaux, quantifie l'impact des économies souterraines sur les finances publiques et sur l'économie formelle (Schneider, "Shadow Economies »).

Équité et Justice

Les marchés noirs peuvent à la fois soulager et aggraver les inégalités sociales. Dans des contextes où les biens et services officiels sont hors de portée pour les couches les plus pauvres de la population, les marchés noirs peuvent fournir une alternative essentielle. Cependant, comme l'argumente Philippe Bourgois dans "In Search of Respect", ils peuvent également renforcer les structures de pouvoir inéquitables et exploiter les populations vulnérables (Bourgois, "In Search of Respect »).

Rôle de l'État et Régulation

La réponse de l'État aux économies souterraines est cruciale mais souvent problématique. Les tentatives de réglementation ou d'éradication peuvent parfois aggraver les problèmes qu'elles cherchent à résoudre. Dans "Policing the Shadows", Jack Maple et Chris Mitchell analysent les stratégies de lutte contre les marchés noirs et proposent des approches plus nuancées pour intégrer ces marchés dans l'économie légale (Maple & Mitchell, "Policing the Shadows »).

Perspectives Globales

Les marchés noirs et les économies souterraines ne connaissent pas de frontières; ils sont intrinsèquement liés à la mondialisation et aux dynamiques internationales. Carolyn Nordstrom, dans "Global Outlaws", offre une perspective globale sur le commerce illicite, mettant en évidence les interconnexions complexes entre les économies nationales et les réseaux criminels internationaux (Nordstrom, "Global Outlaws").

En abordant ces différentes dimensions, ce chapitre vise à fournir une compréhension complète des impacts sociétaux et des dilemmes éthiques engendrés.

Chapitre 6: Lutte et Régulation

L'intervention de l'État pour réguler, contrôler ou éradiquer les marchés noirs et les économies souterraines est un sujet complexe et controversé. Ce chapitre explore les différentes stratégies adoptées par les gouvernements à travers le monde et examine leur efficacité, leurs défis et leurs conséquences inattendues.

Approches Répressives vs. Intégratives

Les stratégies de lutte contre les économies souterraines varient grandement d'une région à l'autre. Moisés Naím, dans "Illicit: How Smugglers, Traffickers, and Copycats are Hijacking the Global Economy", analyse les échecs et les limites des approches répressives, soulignant la nécessité de stratégies plus sophistiquées et globales (Naím, "Illicit"). Naím argumente que les solutions ne résident pas uniquement dans la répression mais dans une combinaison de mesures visant à réduire la demande, à offrir des alternatives légales et à renforcer la coopération internationale.

Impact de la Légalisation

La légalisation de certains biens et services autrefois vendus uniquement sur les marchés noirs a été proposée comme solution pour diminuer le pouvoir des économies souterraines. Mark Kleiman, dans "Marijuana: Costs of Abuse, Costs of Control", explore les conséquences de la légalisation de la marijuana sur les marchés noirs et sur la société dans son ensemble (Kleiman, "Marijuana"). Kleiman examine comment la légalisation peut réduire les profits criminels, mais aussi les défis qu'elle pose en termes de régulation et de santé publique.

Rôle des Institutions Financières

Les économies souterraines dépendent fortement des flux financiers illicites. Dans "Capitalism's Achilles Heel: Dirty Money and How to Renew the Free-Market System", Raymond Baker discute de l'importance de la transparence financière et de la régulation des paradis fiscaux pour combattre les économies souterraines (Baker, "Capitalism's Achilles Heel"). La lutte contre le blanchiment d'argent et la coopération internationale sont essentielles pour perturber les réseaux économiques souterrains.

Éducation et Sensibilisation

La sensibilisation et l'éducation des consommateurs jouent un rôle crucial dans la réduction de la demande pour les produits des marchés noirs. La campagne mondiale contre les médicaments contrefaits, comme illustrée dans les travaux de Roger Bate dans "Making a Killing: The Deadly Implications of the Counterfeit Drug Trade", montre comment l'éducation peut sauver des vies et réduire l'attractivité des marchés noirs (Bate, "Making a Killing »).

Innovations Technologiques

Les technologies nouvelles et émergentes offrent à la fois des défis et des opportunités pour la lutte contre les économies souterraines. Dans "The Dark Net: Inside the Digital Underworld", Jamie Bartlett explore comment le cyberespace est devenu un nouveau front dans la guerre contre les marchés noirs, avec des outils comme la cryptographie et le deep web qui changent la donne (Bartlett, "The Dark Net"). Les autorités doivent s'adapter rapidement pour utiliser ces technologies à leur avantage.

Développement Économique et Inclusion Sociale

La réduction de la pauvreté et l'amélioration de l'accès aux opportunités économiques sont fondamentales pour diminuer la dépendance aux économies souterraines. Hernando de Soto, dans "The Mystery of Capital: Why Capitalism Triumphs in the West and Fails Everywhere Else", souligne l'importance de l'intégration des secteurs informels dans l'économie formelle comme moyen de lutte contre les marchés noirs (De Soto, "The Mystery of Capital"). En fournissant des voies légales pour l'entrepreneuriat et le commerce, les gouvernements peuvent réduire l'attrait des économies souterraines.

Coopération Internationale

Étant donné que les économies souterraines opèrent souvent à travers les frontières, la coopération internationale est cruciale. Dans "Dirty Money: The Evolution of International Measures to Counter Money Laundering and the Financing of Terrorism", William C. Gilmore discute de l'importance des accords internationaux et des organisations telles que le Groupe d'action financière (GAFI) dans la lutte contre le blanchiment d'argent et le financement du terrorisme (Gilmore, "Dirty Money"). Cette coopération permet de créer des normes et des pratiques communes pour lutter efficacement contre les flux financiers illicites qui alimentent les économies souterraines à l'échelle mondiale.

Implications Ethiques de la Lutte

Toute intervention dans les marchés noirs soulève des questions éthiques complexes. Les politiques de répression peuvent parfois mener à des violations des droits de l'homme et à l'exclusion sociale de ceux qui sont le plus dépendants de ces économies pour leur survie. Il est crucial que les stratégies de lutte contre les économies souterraines soient élaborées et mises en œuvre de manière à respecter les droits individuels et à promouvoir la justice sociale.

Effets de la Régulation sur les Communautés Marginales

Les populations marginalisées sont souvent les plus touchées par les marchés noirs et les efforts pour les contrôler. La régulation et la criminalisation peuvent parfois aggraver leur situation en les privant de sources de revenus ou en les exposant à de plus grands risques. Il est donc important de prendre en compte les besoins et les perspectives de ces communautés dans l'élaboration des politiques.

Vers des Solutions Durables

La clé pour traiter efficacement les économies souterraines réside dans des solutions qui ne se limitent pas à la répression, mais qui s'attaquent aux causes profondes de l'existence de ces marchés. Cela implique des efforts pour améliorer la gouvernance, renforcer les institutions, fournir des alternatives économiques viables et assurer la justice sociale et économique.

En conclusion, la lutte contre les marchés noirs et les économies souterraines est une entreprise complexe et multifacette. Elle requiert une approche équilibrée qui combine répression, prévention, éducation et développement économique. Les stratégies efficaces doivent être globales, tenant compte des réalités économiques, sociales et politiques spécifiques à chaque contexte, tout en promouvant la coopération internationale et le respect des droits de l'homme. Ce chapitre vise à fournir un aperçu complet des défis et des opportunités associés à la régulation des économies souterraines, en soulignant l'importance d'une action réfléchie et coordonnée pour faire face à ce phénomène mondial complexe.

Chapitre 7: Études de Cas Globales

La compréhension des marchés noirs et des économies souterraines gagne en profondeur lorsqu'elle est ancrée dans des exemples concrets. Ce chapitre explore diverses études de cas à travers le monde, illustrant la diversité et la complexité de ces phénomènes économiques.

Le Marché Noir des Médicaments en Inde

L'Inde a été confrontée à un marché noir florissant pour les médicaments, en particulier pendant la crise du COVID-19. La demande élevée et la pénurie de fournitures médicales essentielles ont conduit à une prolifération des ventes illégales de médicaments et d'équipements de protection. Des chercheurs comme Sudhir Venkatesh ont exploré comment les économies souterraines se développent rapidement en réponse à des crises de santé publique, offrant des leçons importantes sur la nécessité d'une préparation et d'une réponse adéquate aux urgences (Venkatesh, "Off the Books »).

La Contrefaçon de Produits de Luxe en Chine

La Chine est souvent citée comme le centre mondial de la contrefaçon de produits de luxe. Des marques de mode aux montres et aux sacs à main, le marché noir de la contrefaçon pèse lourdement sur les économies mondiales et les détenteurs de droits d'auteur. Peter Navarro, dans "Death by China", détaille comment ces pratiques ne nuisent pas seulement aux marques internationales, mais aussi à l'économie chinoise elle-même, en sapant la confiance dans ses industries et ses exportations (Navarro, "Death by China »).

Le Commerce Illégal de la Faune en Afrique

Le braconnage et le commerce illégal d'espèces sauvages restent des problèmes critiques en Afrique, menaçant la biodiversité et les économies locales. Dans "The Last Great Ape: A Journey Through Africa and a Fight for the Heart of the Continent", Ofir Drori et David McDannald exposent les réseaux souterrains derrière ce commerce lucratif et destructeur, soulignant la lutte entre les forces de conservation et les syndicats criminels (Drori & McDannald, "The Last Great Ape »).

La Migration Illégale et le Trafic d'Êtres Humains en Méditerranée

La crise migratoire en Méditerranée a mis en évidence les réseaux complexes de trafic d'êtres humains et de migration illégale. Les travaux de chercheurs comme Tuesday Reitano et Mark Shaw dans "Migrant, Refugee, Smuggler, Savior" offrent un aperçu des dynamiques humaines et économiques à l'œuvre derrière cette crise, révélant comment les marchés noirs prospèrent sur le désespoir et la nécessité (Reitano & Shaw, "Migrant, Refugee, Smuggler, Savior »).

L'Économie Souterraine de la Drogue en Amérique Latine

L'Amérique Latine a longtemps été au centre du commerce mondial de la drogue, avec des conséquences profondes sur ses sociétés et ses économies. Eduardo Porter, dans "The Price of Everything", explore les répercussions économiques du marché de la drogue, mettant en évidence les échecs des politiques de lutte contre la drogue et les impacts sur les communautés locales (Porter, "The Price of Everything »).

Cryptomonnaies et Marchés Noirs Numériques

L'ascension des cryptomonnaies a engendré une nouvelle ère pour les marchés noirs, notamment à travers des plateformes comme le défunt Silk Road. Jamie Bartlett, dans "The Dark Net", explore cet univers sombre du cyberespace où les cryptomonnaies facilitent l'achat anonyme de biens et services illégaux, posant de nouveaux défis pour les autorités réglementaires et les forces de l'ordre (Bartlett, "The Dark Net").

Chacune de ces études de cas démontre la manière dont les marchés noirs et les économies souterraines sont profondément enracinés dans les tissus sociaux, économiques et politiques de leurs régions respectives. Elles révèlent également l'importance cruciale de stratégies ciblées etmultidisciplinaires pour aborder ces problèmes complexes. Les interventions réussies nécessitent une compréhension approfondie des contextes locaux, des dynamiques du marché et des réseaux humains impliqués.

Implications pour la Politique Globale

Ces études de cas mettent également en évidence la nécessité d'une coordination internationale accrue. Les marchés noirs ne respectent pas les frontières nationales, et leurs réseaux s'étendent souvent à travers plusieurs pays et continents. La coopération internationale est donc essentielle pour aborder efficacement ces problèmes, qu'il s'agisse de réguler le commerce mondial, de combattre la corruption ou de protéger les espèces menacées.

Vers des Solutions Innovantes

Enfin, ces exemples montrent que les solutions aux problèmes posés par les économies souterraines ne peuvent pas être uniquement répressives. Elles doivent inclure des éléments de développement économique, d'éducation, de sensibilisation et d'inclusion sociale pour être durables. Des approches innovantes, telles que l'utilisation de la technologie pour tracer les produits et vérifier leur authenticité, l'offre d'alternatives légales aux marchés noirs, et l'amélioration de l'accès aux services financiers pour les populations non bancarisées, peuvent contribuer à réduire la taille et l'impact de ces économies.

En conclusion, ce chapitre souligne l'importance d'une approche globale et nuancée pour comprendre et combattre les marchés noirs et les économies souterraines. En s'appuyant sur des recherches approfondies et des exemples réels, il met en lumière les défis et les opportunités que ces marchés représentent pour les sociétés du monde entier. La lutte contre les économies souterraines est complexe et exigeante, mais elle est également cruciale pour promouvoir une croissance économique juste, équitable et durable à l'échelle mondiale.

Chapitre 8: Vers un Avenir sans Marché Noir ?

Aborder l'avenir des marchés noirs et des économies souterraines nécessite une réflexion profonde sur les tendances actuelles et les innovations susceptibles de façonner les décennies à venir. Ce chapitre explore les dynamiques en évolution et les stratégies potentielles qui pourraient contribuer à réduire l'impact et la prévalence de ces marchés.

Tendances Technologiques et Marchés Noirs

La technologie joue un rôle double dans l'avenir des marchés noirs. D'une part, l'essor des cryptomonnaies et des plateformes en ligne a facilité les transactions anonymes, comme l'ont montré des cas comme le Silk Road (Jamie Bartlett, "The Dark Net"). D'autre part, la technologie offre de nouveaux outils pour combattre ces marchés, par exemple à travers le traçage des produits, la blockchain pour la traçabilité, et l'intelligence artificielle dans la surveillance des transactions financières illicites.

Changement Climatique et Ressources Naturelles

Le changement climatique pourrait exacerber les marchés noirs, en particulier ceux liés aux ressources naturelles. La rareté de l'eau et les conflits autour des ressources comme les terres rares peuvent entraîner une augmentation du commerce illégal et des conflits (Michael Klare, "Resource Wars"). Les réponses à ces défis nécessitent une coopération internationale renforcée et des politiques de gestion durable des ressources.

Globalisation et Coopération Internationale

L'intensification de la globalisation renforce l'interconnexion des économies nationales, mais elle facilite également les activités des économies souterraines transfrontalières. La coopération internationale, comme celle menée sous l'égide de l'ONU ou du GAFI, devient cruciale pour adresser ces enjeux de manière coordonnée (William Hughes, "Global Governance and the Fight Against Crime »).

Stratégies de Réduction de la Pauvreté et d'Inclusion Économique

Lutter contre les causes profondes des marchés noirs implique de s'attaquer à la pauvreté et à l'exclusion économique. Des initiatives visant à offrir des alternatives légales et durables, telles que des programmes de microcrédit ou des formations professionnelles, peuvent réduire la dépendance aux économies souterraines (Hernando de Soto, "The Mystery of Capital »).

Réformes Législatives et Réglementaires

La réforme des cadres législatifs et réglementaires peut contribuer à réduire les marchés noirs en rendant les marchés légaux plus accessibles et moins onéreux. La légalisation du cannabis dans plusieurs États américains et pays a montré comment une régulation adéquate peut transférer une part significative du commerce des drogues des marchés noirs vers des marchés réglementés, bien que cette approche présente aussi des défis (Mark Kleiman, "Marijuana Legalization: What Everyone Needs to Know »).

Éducation et Sensibilisation

Renforcer l'éducation et la sensibilisation des consommateurs peut aider à réduire la demande de produits illégaux. Des campagnes sur les dangers des médicaments contrefaits ou l'impact environnemental du commerce illégal d'espèces sauvages peuvent influencer les comportements d'achat (Roger Bate, "Phake: The Deadly World of Falsified and Substandard Medicines »).

Exemples Récentes de Réussites et de Défis

Des initiatives récentes, comme les efforts de l'Union Européenne pour traquer et saisir les biens de luxe contrefaits ou les efforts en Afrique pour utiliser des drones pour surveiller le braconnage, montrent des avancées prometteuses dans la lutte contre les marchés noirs. Cependant, la pandémie de COVID-19 a vu une augmentation des marchés noirs liés aux équipements médicaux et aux vaccins, soulignant la persistance et l'adaptabilité de ces économies face aux crises mondiales.

En conclusion, réduire significativement l'impact des marchés noirs et des économies souterraines nécessitera des efforts concertés à plusieurs niveaux, allant de l'amélioration de la gouvernance mondiale.

Chapitre 9: Agir sur les Connaissances

Transformer la compréhension des marchés noirs et des économies souterraines en actions concrètes est essentiel pour les sociétés qui cherchent à atténuer les effets négatifs de ces phénomènes. Ce chapitre se concentre sur la manière dont les individus, les communautés, les gouvernements et les organisations internationales peuvent utiliser les connaissances accumulées pour initier des changements significatifs.

Empowerment Communautaire

Les communautés locales jouent un rôle crucial dans la lutte contre les économies souterraines. Les initiatives de développement communautaire qui visent à offrir des alternatives économiques viables peuvent réduire la dépendance aux marchés noirs. Des projets comme ceux documentés par Hernando de Soto, qui visent à légaliser les actifs informels et à intégrer les acteurs économiques informels dans l'économie formelle, montrent comment l'empowerment peut mener à des changements positifs (De Soto, "The Mystery of Capital »).

Éducation et Formation

La sensibilisation et l'éducation sont des outils puissants pour combattre les économies souterraines. Des programmes éducatifs qui traitent des dangers des médicaments contrefaits, des impacts environnementaux du commerce illégal d'espèces sauvages, ou des risques associés au travail non déclaré peuvent aider à changer les comportements individuels et collectifs.

Innovations Technologiques

L'adoption de technologies avancées peut aider à détecter et à prévenir les activités des marchés noirs. Par exemple, l'utilisation de la blockchain pour la traçabilité des produits peut contribuer à lutter contre la contrefaçon. Des plateformes comme TraceVerified ou Provenance offrent des solutions pour assurer la transparence des chaînes d'approvisionnement (Jamie Bartlett, "The Dark Net »).

Réformes Politiques et Législatives

Les gouvernements doivent réviser les cadres légaux et réglementaires pour s'assurer qu'ils ne favorisent pas involontairement les économies souterraines. Cela inclut la simplification des procédures d'enregistrement des entreprises, la réduction des charges fiscales excessives, et la mise en œuvre de lois plus efficaces contre le blanchiment d'argent. L'exemple de la légalisation du cannabis dans certains états et pays montre comment la réforme législative peut transformer un marché noir en un secteur réglementé et taxé.

Coopération Internationale

Les défis posés par les marchés noirs dépassent souvent les frontières nationales, nécessitant une réponse coordonnée. Des organisations comme l'Interpol, le GAFI, et l'ONUDC jouent un rôle crucial dans la facilitation de cette coopération. Les efforts internationaux pour combattre le blanchiment d'argent et le financement du terrorisme montrent l'importance de la collaboration entre les pays et les secteurs.

Participation du Secteur Privé

Les entreprises ont un rôle à jouer dans la réduction des marchés noirs, notamment en sécurisant leurs chaînes d'approvisionnement et en s'assurant que leurs produits ne contribuent pas aux économies souterraines. Des initiatives comme le pacte de l'industrie pharmaceutique pour combattre les médicaments contrefaits illustrent comment le secteur privé peut contribuer de manière significative à ces efforts.

Engagement Civique

Les citoyens peuvent exercer une influence considérable en étant informés et engagés. Des actions simples comme vérifier l'authenticité des produits, signaler les activités suspectes aux autorités, et soutenir les entreprises légitimes peuvent tous contribuer à la réduction des marchés noirs.

Exemples Récents d'Interventions Réussies

Des cas récents comme la démantèlement de plateformes de marché noir en ligne telles que AlphaBay et Hansa par les forces de l'ordre internationales montrent comment les actions coordonnées peuvent mener à des succès significatifs contre les économies souterraines. De même, les initiatives de traçabilité des vaccins COVID-19 pour lutter contre leur distribution illégale mettent en lumière les mesures pratiques qui peuvent être prises pour contrer les marchés noirs dans des situations d'urgence sanitaire.

En intégrant ces stratégies dans une approche holistique, la société peut s'attaquer plus efficacement aux racines et aux branches des économies souterraines. Cela nécessite non seulement des actions au niveau macro, comme la réforme des politiques et la coopération internationale, mais aussi des initiatives au niveau micro, telles que l'engagement communautaire et l'éducation individuelle.

En conclusion, ce chapitre illustre que, bien que la lutte contre les marchés noirs et les économies souterraines présente d'énormes défis, il existe une multitude de leviers d'action disponibles. La clé du succès réside dans la collaboration entre tous les secteurs de la société, la volonté politique, l'innovation technologique et une sensibilisation accrue. En s'appuyant sur les connaissances accumulées et en agissant de manière cohérente et coordonnée, il est possible de réduire l'impact des économies souterraines et de créer des sociétés plus justes, plus sûres et plus prospères.

Chapitre 10: Perspectives d'Avenir pour les Marchés Noirs et les Économies Souterraines

Alors que nous nous projetons dans l'avenir, il est essentiel de reconnaître les défis persistants et les nouvelles dynamiques qui façonnent les marchés noirs et les économies souterraines. Ce chapitre explore les perspectives futures, en s'appuyant sur des recherches de pointe et en examinant des exemples récents pour comprendre comment ces marchés pourraient évoluer et quelles stratégies pourraient être efficaces pour les contrer.

Adaptation aux Nouvelles Technologies

Les marchés noirs continuent d'évoluer avec la technologie. L'émergence de la blockchain et des cryptomonnaies a créé de nouveaux canaux pour les transactions illicites, comme le montre l'exemple du Silk Road (Jamie Bartlett, "The Dark Net"). Cependant, la même technologie offre également des outils pour le suivi et la traçabilité des biens, permettant aux autorités et aux entreprises de mieux lutter contre la contrefaçon et le commerce illégal (Kevin Werbach, "The Blockchain and the New Architecture of Trust »).

Changement Climatique et Ressources Naturelles

Le changement climatique est susceptible d'exacerber les tensions autour des ressources naturelles, augmentant le potentiel de marchés noirs liés à l'eau, à la nourriture et aux matériaux rares (Michael Klare, "The Race for What's Left"). La gestion durable des ressources et la coopération internationale seront cruciales pour prévenir l'escalade de ces tensions en conflits et en activités illégales.

Réponses Politiques et Législatives

Les gouvernements du monde entier sont appelés à adapter leurs cadres législatifs et réglementaires pour répondre aux défis changeants des économies souterraines. La légalisation du cannabis dans divers états et pays suggère une tendance vers une régulation plus que vers une prohibition pure et simple, avec des résultats mitigés qui méritent une analyse approfondie pour guider les futures politiques (Mark Kleiman, "Marijuana Legalization »).

Impacts Socio-économiques de la Pandémie de COVID-19

La pandémie de COVID-19 a entraîné une augmentation des activités économiques souterraines, des marchés noirs de masques et de désinfectants aux fraudes aux aides gouvernementales. Cet événement récent souligne la nécessité pour les sociétés de rester agiles et réactives face aux crises soudaines qui peuvent alimenter les économies souterraines (Nikos Passas, "Informal Value Transfer Systems, Terrorism and Money Laundering").

Globalisation et Inégalités

Alors que la globalisation s'intensifie, les inégalités qui en résultent peuvent alimenter la croissance des économies souterraines. Les efforts pour adresser les causes profondes des inégalités, comme la réforme fiscale globale et l'amélioration de l'accès aux services financiers et éducatifs, seront essentiels pour réduire l'attrait des activités économiques illicites (Thomas Piketty, "Capital in the Twenty-First Century »).

Coopération Internationale Renforcée

Face à des marchés noirs de plus en plus globalisés, la coopération internationale demeure un pilier central de la lutte efficace contre ces phénomènes. Des exemples récents incluent les efforts multinationaux pour combattre le financement du terrorisme et le blanchiment d'argent, qui montrent l'importance de la collaboration entre les pays et les organisations internationales (Louise Shelley, "Dirty Entanglements »).

Innovation dans les Approches de Lutte

L'avenir exigera des approches innovantes pour combattre les marchés noirs et les économies souterraines. Cela peut inclure le développement de technologies de surveillance éthiques, l'utilisation de l'intelligence artificielle pour détecter les activités illicites, et des programmes de développement économique ciblés pour fournir des alternatives légales aux populations vulnérables (Edward Castronova, "Wildcat Currency").

En conclusion, les marchés noirs et les économies souterraines continueront d'évoluer, mais avec une compréhension approfondie et une action coordonnée, il est possible de mitiger leur impact. Les défis sont nombreux et variés, allant de l'adaptation technologique aux changements socio-économiques mondiaux, mais les opportunités d'innovation et de collaboration offrent des voies prometteuses pour l'avenir.

Les stratégies futures devront être adaptatives et multidimensionnelles, tenant compte non seulement des dimensions économiques et légales, mais aussi des facteurs sociaux, environnementaux et technologiques. La clé du succès réside dans une approche intégrée qui combine la prévention, l'éducation, la régulation et l'application de la loi, tout en assurant la protection des droits humains et la promotion de la justice sociale.

Les sociétés doivent également favoriser l'inclusion économique et l'empowerment des communautés vulnérables pour réduire la dépendance aux économies souterraines.

Parallèlement, les avancées technologiques doivent être évaluées et adoptées de manière éthique pour assurer qu'elles contribuent à la lutte contre les marchés noirs sans compromettre la vie privée ou la sécurité des individus.

L'engagement civique et la responsabilité des entreprises joueront également un rôle crucial dans la réduction de la demande pour les biens et services illégaux. Les consommateurs et les entreprises doivent être sensibilisés et encouragés à participer activement à des chaînes d'approvisionnement éthiques et transparentes.

Enfin, la coopération internationale doit être renforcée pour adresser les dimensions transfrontalières des économies souterraines.

Cela inclut le partage d'informations, le soutien aux pays en développement dans leurs efforts de régulation et de lutte contre la corruption, et la mise en œuvre de normes internationales contre le blanchiment d'argent et le financement du terrorisme.

En somme, si les défis posés par les marchés noirs et les économies souterraines sont considérables, les perspectives d'avenir offrent également un terrain fertile pour l'innovation, la coopération et le changement. En construisant sur les connaissances existantes et en restant ouverts aux nouvelles idées et stratégies, les sociétés du monde entier peuvent avancer vers un avenir où les marchés noirs sont moins une menace et plus un vestige du passé.

Conclusion

Alors que nous clôturons notre exploration des marchés noirs et des économies souterraines, une réflexion se détache avec acuité : ces phénomènes, aussi sombres et complexes soient-ils, sont le miroir de nos sociétés. Ils reflètent nos failles, nos besoins non satisfaits, et nos aspirations souvent contrariées par les limites de nos systèmes économiques et légaux. Les marchés noirs ne sont pas de simples aberrations; ils sont les symptômes d'une maladie plus profonde, faite d'inégalités, de restrictions excessives et d'exclusions.

Cependant, loin de nous plonger dans le désespoir, cette réalisation doit nous inciter à l'action et à l'optimisme. Elle nous rappelle que chaque société porte en elle les germes du changement et de l'amélioration. Les défis posés par les économies souterraines, bien qu'ardus, ne sont pas insurmontables. Ils appellent à une réflexion globale, à une solidarité internationale et à une volonté collective de repenser les modèles établis.

L'avenir que nous envisageons dans la lutte contre les marchés noirs et les économies souterraines n'est pas un futur de répression accrue, mais plutôt un de compréhension, d'inclusion et de transformation. Il s'agit d'un avenir où les politiques et les interventions sont guidées non pas par la peur ou le profit, mais par la compassion, la justice et le bien-être commun.

Les pages de ce livre ne sont que le début d'un dialogue nécessaire et continu. Un dialogue entre législateurs, chercheurs, entrepreneurs, activistes et citoyens. Un dialogue qui transcende les frontières et les préjugés. Il est de notre responsabilité collective d'apporter notre pierre à l'édifice, de participer à ce débat vital et d'agir avec éthique et intégrité.

En fin de compte, la lutte contre les marchés noirs et les économies souterraines est une lutte pour l'humanité elle-même. C'est une quête pour des sociétés plus justes, plus sûres et plus équitables. Ce n'est pas une tâche facile, mais c'est un chemin digne d'être emprunté. Ensemble, armés de connaissance, de compassion et de détermination, nous pouvons transformer les ombres en lumière et les défis en opportunités.

Que ce livre serve non seulement de ressource, mais aussi d'inspiration pour tous ceux qui cherchent à faire une différence. Les marchés noirs et les économies souterraines continueront d'exister tant que les conditions qui les alimentent persisteront. Il est donc temps de construire des ponts là où il y a des murs, de trouver des solutions là où il y a des conflits et d'apporter l'espoir là où il y a du désespoir. C'est dans cet esprit que nous avançons, vers un avenir où chaque personne a la possibilité de contribuer pleinement et équitablement à la richesse collective de notre monde.

www.ingramcontent.com/pod-product-compliance
Lightning Source LLC
Chambersburg PA
CBHW050317230526
45471CB00005B/2222